V

V $6\frac{91}{4}$

352

RECUEIL

DES OUVRAGES EN SERRURERIE,

que

ST ANISLAS LE BIENFAISANT,

Roy de Pologne,

Duc de Lorraine et de Bar,

a fait poser sur la place Royale

DE NANCY,

à la gloire de Louis le Bien-Aimé,

Composé et exécuté par Jean Lamour son Serrurier ordinaire

avec un discours sur l'art de Serrurerie et plusieurs autres

desseins de son Invention.

Dedié au Roy.

Se Vend à Nancy
Chez ...
Paroisse St. Sébastien,
A Paris chez Prault ...
du Roy, Rue St Jacques ...
Naples ...

STANISLAS LE BIENFAISANT
Roy de Pologne Duc de Lorraine
et de Bar
Vente Lattelier et les Quais
de St Lamour

Sire

La culture des sciences, le progrès des arts auront toujours place dans les soins des Grands Princes; mais vit-on, même dans les Siècles d'Or, un Monarque remplir cette partie du bon gouvernement avec plus de zèle et plus de succès que Votre Majesté? Vos ordres, Sire, comme un souffle divin, semblent avoir porté dans l'âme de chaque artiste votre génie créateur et ce goût excellent qui se fait remarquer dans tout ce qui s'exécute d'après vos idées; les essais même, entrepris sous vos auspices, serviront de modèles à nos derniers neveux.

Si je ne puis me flatter d'avoir porté au dernier degré de perfection les ouvrages que Votre Majesté m'a fait exécuter, du moins je puis dire que le désir de vous plaire, Sire, aidé des lumières de vos conseils, m'a fait découvrir les formes les plus propres à orner les superbes monuments qui immortaliseront votre nom, et m'a rendu facile ce qui me paroissoit d'abord impossible. Votre Majesté a honoré mes ouvrages des marques les plus flatteuses de son approbation, lors qu'elle daigna porter ses pas dans le lieu même qui les vit éclore, c'est cette époque précieuse à ma mémoire qui fait que j'ai pris la liberté de mettre au jour ce recueil sous votre auguste Nom. Tout minute à vous l'offrir; il vous appartient par tous ses Titres. Recevez l'hommage que je vous en fais, comme un témoignage de la vive reconnaissance et du profond respect avec lequel je suis

Sire

De Votre Majesté

Le très humble très obéissant
et très fidèle Serviteur et Sujet
J. Lamour

Imprimé par J. Le Roy.

PRÉLIMINAIRE APOLOGÉTIQUE

SUR LA FORGE.

Vn ouvrier ne sçaura devenir habile s'il n'est pénétré des prérogatives de son Art. C'est l'avantage d'être utile aux hommes, c'est l'honneur, cette digne récompense du mérite, ce mobile universel des talens, qui fait éclore les Chefs-d'Oeuvres; l'intérêt seul n'est pas capable d'échauffer le génie, ses vûes ne peuvent être que bornées, il ralentit même le progrès des Arts, s'il n'est opposé uni à ce germe fécond des grandes choses. C'est ce qui m'a déterminé à tracer ici, en faveur des élèves, quelques idées générales à la louange de la Forge, & de la Serrurerie qui en est une branche distinguée, afin d'animer leur courage & d'exciter en eux un noble desir d'atteindre à la perfection. Pour voi si j'ai eu le bonheur de réussir, je le dois autant à l'émulation qu'à la reconnoissance; j'étois comblé des bienfaits de Stanislas, & je travaillois pour lui. Oserai-je dire plus? Si un autre Plutarque vient à nous donner l'histoire de sa vie, il ne l'oubliera pas: Ce grand des Arts, ce bon Maître, ne dédaignoit pas de visiter mon Laboratoire, sa bouche royale me donnoit des ordres, corrigeoit mes dessins; ainsi son grande ame sans cesse occupée du bonheur de ses sujets, embrassant toute la chaîne de ce qui peut y contribuer, descendoit encore dans les plus petits détails. La nature le fit un grand homme, & il fut un bon Roi. Ceux qui courront la même carrière que moi, n'auront pas toujours des Princes pour les encourager, mais ils sauront du moins que Stanislas honora mes foibles talens & ses soins, ou plutôt honora

leur Art, que j'étois ce qu'ils sont, & que mon Roi étoit l'exemple des Souverains.

De l'antiquité de la Forge. Moïse nous apprend que Tubalcaïn, qui signifie Maître du Monde, fut fils de Lameck & de Silla; on ne compte que six générations entre Adam & lui, & il fut l'inventeur de la Forge, selon l'historien Sacré. Il vivoit encore dans les tems du premier homme; & il s'étoit déja rendu célèbre avant la naissance de Seth. De tous tems l'industrie, la force & l'utilité ont, en le droit de commander aux hommes; & je croirois volontiers que Tubalcaïn a été leur premier maître, ainsi que son nom le désigne. Josephe qui le nomme Thobel, le dépeint comme un guerrier puissant; & la tradition constante des nations, même enveloppée dans les nuages de la Fable, fortifie mon idée & les met au-dessus d'une simple conjecture. Si les historiens Juifs firent de l'inventeur de la Forge le premier héros, les autres peuples en firent un Dieu. De-là vint l'Opas des Égyptiens, l'Ephæstos des Grecs & le Vulcain des anciens habitans de la Sicile & de l'Italie. L'idée de ce premier Conquérant étoit gravée dans les esprits; l'étonnement & la crainte lui élevèrent des Autels sous ces différens noms; mais bientôt on sentit ce que l'on devoit aux Arts utiles qu'il avoit créé, & la reconnoissance lui consacra aussi des Fêtes destinées aux seuls dieux bienfaisans: elles furent nommées dans les diverses régions que je viens de citer Opalia, Ephæstia & Vulcanalia. Il n'est pas permis de douter qu'après l'événement mémorable qui dévasta l'Orient, la plûpart des Sciences & des découvertes ne soient retombées dans le néant, d'où il a fallu la faire sortir une seconde fois. Néanmoins dès les premiers tems des Patriarches, le fer, celui des métaux qui a été le dernier connu, étoit déjà en usage. Quelques siècles après la Forge produisit des chefs-d'œuvre ; & la description du bouclier d'Achille est moins l'effet de l'imagination d'Homère, que des grands modèles qui existoient déjà de son tems, ou même qui avoient existé avant lui. Il me suffit d'avoir à cet égard fait sortir la lumière de l'obscurité des premiers âges du monde.

De ses avantages. Les inventions tardives sont sujettes aux révolutions. Après des siècles qui s'en servent, viennent des siècles qui s'en passent. Mais dira d'un Art qu'il est de la plus haute & de la plus célèbre antiquité, que la vérité & l'erreur se sont réunies pour en faire l'une l'éloge & l'autre l'apothéose, c'est montrer assez qu'il a été mis au rang des premiers besoins. Effectivement, ce que je vais dire est sous nos yeux ; la Forge du Serrurier est aux autres inventions de ce genre qui existent dans la société, ce que le génie est aux Sciences : elle en est l'âme & la force, aucune ne peut se passer d'elle, & elle ne les a précédées toutes que pour aider à les créer. * Si Cérès donne du pain aux Cyclopes, c'est qu'ils lui avoient fabriqué sa Charrue. Si le vieux Enée conserve & établit au milieu des combats les restes fugitifs de Troyes, c'est qu'il est orné par l'Époux de Vénus. Notre nourriture & notre défense sont des objets généralement nécessaires ; & si l'Agriculture a des beautés, elle ne sont que l'effet de l'art, elle se doit toutes à la Nature : mais la Serrurerie embellit encore l'utile. Elle a des parties pleines d'agréments, de délicatesse & de majesté. Elle est susceptible de toutes les formes. Elle a, quand elle veut, l'énergie de la Peinture & de la Sculpture, la hardiesse de l'Architecture, & toujours la solidité. Tout ce qui sort de ses mains devient monument : voyez-le dans nos escaliers, dans nos places publiques, & dans nos temples. Enfin dépouillez-les, si voulez, de ces ouvrages magnifiques qui ne se répètent pas tous les jours, pour les considérer seulement dans ses opérations ordinaires : une clef est le gage précieux de la sécurité publique. De-là la probité du Serrurier devient le premier caractère de son art. Dans les autres, elle est toujours une vertu, parcequ'ils sont exercés par des hommes ; mais dès l'origine de celui-cy elle a été de son essence. On sait que chez les Romains lorsque leur austérité étoit encore sévère, & que chaque Républicain étoit Despote dans sa famille, une femme surprise avec une fausse clef, pouvoit être mise à mort par son mari.

De ses prérogatives & distinctions. Cette inégalité

* Le Prophète Isaïe nous apprend que c'est Dieu lui-même qui a créé cet art. Ecce ego creavi fabrum sufflantem in igne prunas.

inviolable, ces estimables talents ont mérité des louanges, la distinction & des honneurs. Il est inutile de répéter l'impression qu'ils firent sur les anciens peuples Chasseurs, Pasteurs ou Cultivateurs. Pourquoi les Israélites ont-ils été dans l'esclavage & la servitude où les Philistins les avoient réduits ? C'est que les Philistins avoient eu la précaution d'enlever toutes les Villes d'Israël tous les Serruriers, & y avoient interdit l'usage de la Forge ; ils les considéroient donc comme la ressource & la force de l'État. L'expérience fit voir qu'ils ne s'étoient point trompés. Je dirai aussi que le Prophète qui pleuroit sur les ruines de Jérusalem, après s'être attendri sur l'esclavage des Rois & des Princes, déplore la perte des Architectes & des Serruriers : Mais dans les états plus modernes, ceux-mêmes qui sont amollis par le luxe, où les frivolité enlève trop souvent les prérogatives dues au nécessaire & à l'utile, on a reconnu qu'il étoit juste d'accorder une portion de l'estime publique à ces hommes laborieux, qui dès la naissance de l'aurore vont tous les jours se brûler à l'ardeur des fourneaux, & ne se retirent après le coucher du Soleil, que pour diriger leurs plans, étudier leurs desseins, combiner des proportions, nourrir d'ingénieuses analogies, apprendre à copier d'après les grands Maîtres, perfectionner, inventer. Ainsi chez les Maîtres du monde dont nous révérons les usages, & dont les loix nous servent encore de guide, on avoit établi dans certaines Villes des Compagnies ou Communautés de Serruriers : quoi-qu'une aggrégé à ce Corps, l'Aspirant devoit faire preuve par son aïeul, son père & lui étoient de condition libre, qu'il n'étoit assujetti à aucune charge publique ou municipale. La preuve reçue il étoit admis, & dès-lors il acquéroit un droit de franchise & d'exemption qu'il transmettoit à ses enfans. Il partageoit avec sa famille la prérogative de ne pouvoir être cité en justice que pardevant son Tribun. Ce Tribun ou Décimier étoit tiré du Corps ; & lorsqu'il avoit géré son office pendant deux ans, il pouvoit se retirer. Alors il avoit les entrées libres à la Cour, & jouissoit auprès du Prince d'un rang distingué. Les Serruriers dans les armées formoient un Corps d'Ingénieurs qui travailloient & présidoient à la construction des machines. C'étoit souvent à leurs soins & à leur génie qu'on étoit redevable de la victoire. Aussi César se félicitoit-il d'en avoir enlevé deux au parti de Pompée. De-là cette ancienne inscription où l'on voit le nom d'un Serrurier à côté de celui d'un Consul : Anscharios. C. Eutichus. Faber. Ferrarios, ne doit-elle étonner des âmes ingrates qui ne connoissent pas le prix d'un Citoyen utile.

De nos jours ce Roi qui se connoissoit si bien en mérite, Louis le Grand, s'exprime en termes les plus honorable, en renouvellant & confirmant les privilèges accordés par Charles VI & François I, à ceux qui professent l'art de la Serrurerie : ,, Nos chers & aimés les Syndics, Jurés, anciens — ,, Bacheliers & Maîtres Serruriers en notre bonne ,, ville de Paris, Nous ont fait remontrer, &c. ,, afin que l'art desdits Maîtres se puisse heureu- ,, sement conserver dans la splendeur qu'il a perpétuel- ,, lement mérité, tant à cause de sa nécessité que des ,, rares inventions qu'il produit, même en considération ,, de ce qu'il est des quatre arts libéraux dont la ,, recommandation Nous est très-chère, &c. Et art. 17, ,, d'autant que la Maîtrise dudit art est de si grande ,, importance, qu'elle n'a véritablement pour objet que

,, la conservation & la vie des hommes, & les sûretés ,, de leurs possessions, &c.

L'Ecusson de la Serrurerie, ainsi qu'il a été enregistré dans l'Armorial-général de France de 1700, porte, de gueules à deux clefs en sautoir d'argent, nouées d'or, à une burelle d'argent, où sont écrits ces mots, — Securitas publicâ; au chef d'azur semé de fleurs de lis d'or; à une cassette d'or semée aussi de fleurs de lis; à deux mains de justice d'or en sautoir posée sur la cassette & une couronne entre les deux ; pour supports deux Lévriers avec collier.

Voilà comme la France a annobli des sueurs consacrées au bien de l'Etat & au bonheur de l'humanité.

EXPLICATION DES PLANCHES.

PLANCHE PREMIÉRE.

Cette planche forme le frontispice, elle paroit ne pas être dans le goût de la Serrurerie ; il est cependant facile d'en exécuter le dessin, les formes en sont mâles.

Le petit groupe qui est au bas représente l'Amour appliqué au dessin.

DEUXIEME PLANCHE.

Cette deuxième planche a pour objet la dedicace. Le haut de la bordure représente le Roy de Pologne visitant mon atelier & m'ordonnant l'exécution de ses projets pour l'embelissement de la place-Royale de Nancy. Elle est gravée d'après un tableau du S.r Benard, peintre célèbre à Paris.

On voit au bas de la bordure l'Amour déguisé en forgeron.

TROISIEME PLANCHE.

La troisième planche représente Vulcain assis sur son enclume, un marteau à la main. Ce Dieu forgeron soutient le portrait de Stanislas, amateur de la forge ; On voit d'un côté l'autre des Cyclopes ; de l'autre, on apperçoit dans le lointain, les bâtimens, grillages & fontaines de la place-Royale ; la Renommée annonce à l'Univers les chefs d'œuvres que le génie de Stanislas a fait éclorre.

La composition de cette planche est tirée d'un tableau du S.r Girardet, peintre lorrain si connu par ses talens.

Quatrième, 5.e, 6.e & 7.e planches.

Pour l'intelligence de ces planches on croit qu'il est nécessaire de donner une idée de la place-Royale de Nancy.

Cette place est un quarré long qui a trois cents soixante-six pieds de largeur, sur trois cents pieds de longueur ; elle est percée aux quatre angles & dans trois autres endroits différens, la façade superbe de l'Hôtel-de-Ville regarde le Septentrion & règne dans toute la largeur de cette place, l'ouverture des deux angles qui sont à l'extrémité de ce bâtiment, conduit de chaque côté à deux rues différentes, elle est ornée de grillages en portique décorés de pilastres, chapiteaux, corniches, couronnemens, vases de fleurs & bras de lanternes ; l'entre-deux des pilastres n'est point terminé par un couronnement de ce bâtiment, il est libre & laisse appercevoir dans sa perspective les beautés de la place.

Les angles de cette place qui sont opposés à ceux dont on vient de parler, sont fermés par les magnifiques grillages & cascades dont on voit le dessin à la planche quatrième. On a pratiqué derrière des petits bosquets en charmille, tant pour faire sortir les ornemens qui sont dorés & variés agréablement la vûe, que pour cacher la partie des remparts de la ville-vieille qui viennent y aboutir de trop près.

Cette place est encore percée en ligne droite du côté de l'orient & de l'occident, & donne entrée aux nouvelles rues S.t Stanislas & S.te Catherine ; Ces deux percées sont ornées de parties de grillages, pilastres, arrières-pilastres, chapiteaux, vases de fleurs, tels qu'on le voit à la planche huitième.

Le bâtiment le plus près de l'Hôtel-de-Ville qui

forme un retour du côté de l'orient, & celui de l'Intendance, l'autre est celui de l'Hôtel des Fermes; vis-à-vis l'Hôtel des Fermes, est la Salle des Spectacles; le quatrième fait symétrie aux trois autres.

Toutes les façades sont pareilles, & dans le goût de celle de l'Hôtel-de-Ville.

La partie qui regarde ledit Hôtel-de-Ville, n'est qu'un soubassement terminé par une balustrade enrichie & groupée, de vases & de trophées. Elle est coupée dans le milieu pour former la communication de la ville-vieille avec la ville-neuve. Ces deux villes sont séparées par un Arc-de-Triomphe, que l'on nomme la porte-Royale. Toutes les maisons de cette partie sont occupées par des Marchands.

Nous avons dans le milieu de cette place la statue pédestre de notre Auguste Monarque Louis le Bien-Aimé.

Le S.r Colin a gravé cette Place, on espère y recourir pour en avoir, si l'on veut, une idée plus juste. On ne parle pas ici des riches balcons dont tous les bâtiments de la place-Royale sont décorés, il en sera question en donnant l'explication de chaque Planche.

Description détaillée des deux grandes grilles de fer, posées dans les angles de ladite Place, planches 4.e, 5.e, 6.e & 7.me réunies.

Ces deux grandes grilles sont exécutées sur un plan ceintré, dont l'ouverture est de quarante-cinq pieds, formant un quart de cercle développé de soixante-sept pieds six pouces. Leur plus grande hauteur est de trente-six pieds.

La gravure de ce grillage annonce suffisamment la décoration des parties, tant d'Architecture, que des ornements analogues à cet ouvrage; & comme le matage n'est point apperçu dans le dessin, je vais en donner un détail circonstancié.

Tout ce qui est apparent en forme solide, comme les carcasses & les bâtis dudit matage, les socles, les piédestaux, les bases, les corps des pilastres, les chapiteaux, les architraves, les frises, les corniches & l'adoucissement qui reçoit le grand couronnement, ainsi que les arrières-corps, leurs imposte, les panneaux, l'archivolte, sont de fer battu, & rivé sur le matage. Tous les angles de ce solide sont marqués dans l'ouvrage, par des fers d'épaisseur. Les tôles sont si exactement appliquées, qu'elles semblent ne faire qu'un même corps. Les saillies des corniches, le différent profils y sont observés avec une précision qui fait douter que ce soit du fer forgé; à peine y apperçoit-on les rivures & les joints. Il est difficile de comprendre combien ce travail a donné de sujétion.

Pour construire cet ouvrage, il a fallu établir une carcasse une, distribuer les parties si exactement, qu'une ligne auroit changé les profils & les saillies. Il falloit, pour observer une parfaite égalité, faire rouler les calibres, les échantillons, se renvoyer des épaisseurs des corps, tant en plans qu'en élévation, observer les lignes parallèles des à plombs, de même que les horisontales, & dégauchir tous les corps, les consolider par des tenons, mortaises & congés, afin de les renforcer, pour que le tout ne fasse qu'un seul & même assemblage.

Qu'on me fasse la grace d'examiner ce travail avec reflexion; qu'on y remarque sur-tout les grands portiques surbaissés, qui ont treize pieds d'ouverture avec leurs impostes & pilastres, ils forment arrières-corps, de même que l'enrichissement des oreillons des ceintres. L'entablement est considérable, il porte quatorze pieds de hauteur depuis l'architrave, avec son couronnement & pyramide, sur-vingt-deux pieds de longueur, il fait avant & arrière-corps; il est ceintré en plans & en élévation, & exposé aux injures des saisons: Les connoisseurs y trouveront de l'ordre, de la hardiesse & de l'intelligence; on portera, je pense, le même jugement de la composition des grands pilastres, depuis leurs bases & piédestaux, jusqu'à leurs pyramide, & de l'enrichissement des médaillons en bas-reliefs, qui représentent dans les deux premiers, Mars & Minerve, & dans les seconds, Apollon & Cérès. Le plan des pilastres est à guêné, enrichi de baguettes & d'ornements tournans autour d'elles, ce qui rend ces pilastres légers & élégans; cette partie ne pouvoit être exécutée qu'en fer, pour donner l'élégance & de la légerté.

Les chapiteaux sont de l'ordre Composite; ils sont singuliers dans leur composition & leur exécution; j'ose dire qu'ils sont uniques en ce genre. J'ai fait cette composition sur ce que j'ai ouï dire que l'on voulait composer un sixième ordre d'Architecture française, j'ai hazardé ces chapiteaux; ils sont composés de toutes leurs parties en général. Sur le milieu de l'éfangal est un cartouche garni d'une fleur de lys, & au centre du taloir est un soleil. Les quatre angles forment le grand fleuron de composite avec ses gromettes. En place & celui du milieu est un coq, qui pose une patte sur le cartouche du bas, & regarde le centre du soleil, c'est l'allégorie du chapiteau français, les contours n'en sont point interrompus pour en faciliter l'assemblage; les profils sont conformes aux règles, les ornements sont traités comme les modèles, & on a tâché que la composition soit dans le goût des meilleurs ouvrages en fer; ou n'y voit ni cette pesanteur, ni cette maigreur ordinaire des ouvrages de ce genre. Toutes les parties isolées en sont doublées; celles qui sont plaquées sur les fonds, y joignent parfaitement, & si l'on apperçois des vuides, ce n'est que pour donner plus de légèreté, & faire mieux valoir l'effet que produit le fer lorsqu'il est traité avec délicatesse.

Il est inutile d'expliquer les noms des différentes formes qui composent ces grands ouvrages, j'évite par ce moyen des répétitions que la gravure & la ciselure font voir avec distinctement.

Ces deux grandes grilles à noix portiques, dont je viens de faire le détail, sont posées dans les angles arrondis de la place du côté du Septentrion.

Deux autres parties de grillages ouvertes avec pilastres, chapiteaux, vases & fleurs, panneaux terminés par une corniche & autres ornemens, sont posées aux angles des rues S.t Stanislas & S.te Catherine.

Deux autres grillages à deux portiques, pareillement ouverts, avec pilastres, chapiteaux, vases & fleurs, panneaux, arriere-pilastres, corniche avec leurs couronnemens aux chiffres du Roy, marqués par les planche huitième qui n'en designe qu'une moitié, sont posés dans les deux autres angles du côté du midi, & terminent les rues de la Poissonnerie & S.te Nicolas d'un côté, & de l'autre celle de la Congrégation & de la Poste.

La huitième planche est une des quatre parties des grilles cy-devant détaillées; on en a placé une à chaque angle de la façade de l'hôtel-de-ville. Les deux autres sont adaptées, l'une au pavillon de l'Intendance, & l'autre au pavillon qui lui fait face; elles sont de même ceintrées en plan, ornées de deux grandes pilastres quarrés, & de chapiteaux faisant avant-corps, terminées par une corniche avec vases & fleurs isolés, & deux grands bras de lanterne, quatre grands panneaux avec frise & soubassement, quatre pilastres, un portique accompagné d'arriere-corps, de panneaux angulaires, d'un couronnement très-riche, orné du chiffre du Roy.

Ces deux grilles, qui paroissent fermer les place, sont ouvertes dans leur milieu, sans couronnement; la distance est suffisante pour y passer deux voitures. Les portiques conduisent aux trottoirs qui sont le tour de ladite place. Le goût du travail, quant au détail, est à peu près le même que celui des grandes grilles des fontaines. Elles sont apperçues de plus de deux cents toises en dehors, & présentent l'agréable coup d'œil qui annonce de fort loin la place-Royale.

La neuvième planche représente le balcon du premier étage de la façade de l'hôtel-de-ville, dont l'effet est avantageux par rapport au plan. Les différentes formes d'ornemens, rassemblées dans une si petite hauteur, sur une longueur disproportionnée, en sont d'autant plus difficiles. Il falloit orner & varier les accompagnemens.

Il falloit les enrichir pour distinguer à l'extérieur l'appartement que le Roi s'étoit destiné.

Le panneau du milieu, comme on le voit dans la planche, est orné d'un cartel couronné, enrichi des cordons du Saint Esprit & de Saint Michel. Les supports qui sont deux aigles, ainsi que tout ce qui accompagne ce travail, est fait d'après des modèles de détail, où l'on a eu un soin tout particulier de rendre l'effet du bronze, ciselé & recherché avec exactitude. Personne ne peut imaginer que le fer battu se soit soumis au marteau de cette force, par les retaintes. Les connoisseurs mêmes ont prétendus que quelques-unes de ces pièces étoient fondues & ensuite réparées, il est même difficile de s'appercevoir combien ces ouvrage a donné de sujétion.

Ce qui comprend le reste de ces noix balcons, comme trophée, ornemens & fleurs, mosaïque, serpens moulures, &c. est traité dans le goût de la meilleure Sculpture.

Ceux des deux autres avans-corps, sont aux chiffres Stanislas le Bien-Faisant; tous les ornemens en sont relevés par différentes couleurs d'or, ce qui annonce une richesse agréable, digne de la Majesté de ce Monarque.

La dixième planche représente la rampe posée au grand escalier de l'intérieur de l'hôtel-de-ville. Cette rampe est fort riche; elle est ornée de panneaux, pilastres & de montans contournés, dont les sont portent moulures & volutes pour servir à l'encadrement desdits panneaux & pilastres.

La courbure des doubles rampes, ne s'emblent pas être un ouvrage en fer forgé. La platte-bande annonce un métail moulé & poussé avec le fer d'un Menuisier, puisqu'il n'y a dans tous ses contours aucun jarret, ni gauche qui dérange un dessin suivi. La peine qu'a donné cette platte-bande n'est pas concevable, il faut être de l'art pour comprendre combien il faut de justesse pour profiler & contourner ces pièces sans s'écarter du plan; combien il faut faire rouler le calibre pour dresser toutes les moulures, filets & faces, &c. pour ne point corrompre cette forme. Je peux présenter cet ouvrage comme peu connu, & dire qu'il est regardé avec attention par gens versés dans cet art. Les ornemens de détail sont assez exprimés par la gravure, il est inutile de tomber dans des répétitions.

J'ai occupé le vuide de cette planche par deux idées de bras de lanterne, ils peuvent aussi servir à différens usages. Je laisse aux ouvriers le choix de leur goût sur les changemens qu'ils jugeront à propos de faire, tant pour les simplifier que pour les enrichir dans l'exécution.

La onzième planche représente la suite de la même rampe développée. Les ornements en sont variés dans les différens panneaux.

Le vuide est aussi occupé par deux idées de bras de lanternes, dont l'un est au chiffre du Roy, avec couronne de Prince du Sang. Les contours en sont légers, & les ornemens distribués sans confusion.

L'autre pourroit servir de bras d'enseigne pour un Serrurier. Dans le cartel sont représentées les armes de cet Art, avec supports de Levrette, Simbole de la fidélité, deux clefs en sautoir, dont les annaux sont ornés.

La douzième planche est le haut de la même rampe avec les deux pilastres des côtés, qui rejoignent à l'onzième planche. Les fleurs en sont traitées légèrement, ainsi que le reste des ornemens ; le goût est relatif à la suite. Le dessin en dit assez pour ne rien laisser à désirer sur cette partie.

Le haut de la planche représente le dessin d'un des Seize balcons du premier étage de l'Hôtel-de-Ville, lequel est arrondi dans les pilastres.

Celui du milieu de la même planche, représente le dessin d'un des cinquante-six autres balcons du premier étage des quatre pavillons construits sur la place-Royale. On y voit alternativement le chiffre de Louis le Bien-Aimé, & de Stanislas le Bien-faisant.

Le second étage desdits pavillons, est de même orné de balcons, comme on peut le voir à la quinzième planche.

Avant de donner l'explication de la gravure de la seizième planche, qui n'a plus de rapport aux ouvrages en fer posés sur la place-Royale de Nancy, le Lecteur me permettra de dire qu'une place de cette magnificence ne pouvoit être que l'ouvrage d'un grand Roy, & il ne pouvoit mieux faire que de l'ériger à la gloire de Louis le Bien-Aimé son auguste Gendre. Le projet de Stanislas étoit de former une espèce de clôture, en laissant à l'œil les moyens d'appercevoir à travers les grilles ouvertes, l'effet que procurent produire des édifices variés.

Je puis dire, sans vanité, que l'exécution de l'ouvrage que je donne au Public, est supérieur aux gravures de ce Recueil ; j'ai cru cependant ne pouvoir rendre mieux les dessins, ni exprimer les formes avec plus d'énergie, que par le secours du burin.

Il est certain que le dessin que cet ouvrage comprend, doit donner de l'émulation aux Artistes, & entrer dans l'éducation publique. Nous avons trop de preuves de son utilité, pour négliger une partie qui démontre si clairement les productions dont l'Art est capable ; il seroit même impossible d'y parvenir sans rendre les différentes idées qui le composent, aussi justes qu'élégantes. On ne doute point que l'art de la Serrurerie ne fasse tous les jours, comme les autres, des progrès considérables. Louis le Bien-Aimé n'en a dédaigné aucuns ; l'établissement des Académies, les prix qu'on y accorde aux chefs-d'œuvre qu'on y présente dans tous les genres, sont connoître combien il en désire les perfections.

La treizième planche représente le dessin de la rampe de l'Hôtel du Gouvernement au bout de la Carrière. Cette seconde place le dispute à la première en magnificence ; elle est encore un ouvrage du Prince que nous pleurerons toujours.

Cette rampe est exécutée avec justesse, tous les ornemens en sont relevés avec goût, & distribués légèrement ; & les listels du remplissage portent leurs moulures.

Sur cette Place-Carrière, sont posés à l'entrée, du côté de l'Arc-de-Triomphe, qui fait la séparation de ces deux places, & à la sortie, qui fait face à l'Hôtel du Gouvernement, quatre grandes parties de travers, lesquels, quoiqu'ils ne soient point gravées dans ce Recueil, ne différent en rien des autres grilles, & sont pareillement garnis de vases de fleurs & de bras de lanternes.

Description de la Place-Carrière, depuis l'Arc-de-Triomphe jusqu'à la façade de l'Hôtel du Gouvernement.

Cette place-Carrière, qui est sur le même alignement de l'Arc-de-Triomphe, qui fait la séparation de ces deux Villes, est construite sur un quarré long, ou rectangle de sept cents soixante pieds de longueur, sur cent quatre-vingt pieds de largeur. L'Arc-de-Triomphe fait la première face ; & dans le fond opposé, on voit le superbe Hôtel du Gouvernement ; & chaque côté sont construits des Fers-à-Cheval, dont les faces sont décorées de figures placées sur piédestaux, d'arcades & de portique pour passer des voitures.

Au retour des angles de ces Fers-à-Cheval, sont deux Hôtels admirables ; il y en a deux autres à l'autre bout en entrant sur cette place. Dans les centres de ces quatre Hôtels, se trouvent de beaux bâtimens uniformes, ornés de balcons.

A chaque côté des quatre Hôtels il y a une ouverture de trente-cinq pieds pour le passage des voitures.

Le pourtour de cette place est fermé d'une banquette, sur laquelle sont placés des grouppes, des urnes & des vases de parc & d'autre alternativement. Aux quatre angles sont construites quatre fontaines qui arrondissent lesdits angles.

En dedans de ladite place, & à quelque distance des banquettes, sont plantés deux allignemens de tilleuls taillés en boule, & huit à dix pieds de hauteur.

Le centre forme une promenade d'où on découvre à travers les portiques de l'Arc-de-Triomphe, la place-Royale. De cette dernière on a le même aspect sur la place-Carrière, ce qui forme d'une place à l'autre, un agréable coup d'œil.

La quatorzième planche représente trois pièces développées de la rampe du grand escalier du château de Chanteheux; toutes les contours & listels du remplissage, sont des fers étampés, apportant leurs moulures. La platte-bande & la baze sont les mêmes que celles de l'Hôtel-de-Ville de Nancy. Ces pièces sont moins chargées d'ornemens, le travail néanmoins en est très-riche, & l'exécution de cette rampe est conforme aux règles du bon goût; elle a fait, dans le tems que Louis XV passa à Nancy en 1744, l'admiration des connoisseurs de la Cour de ce Monarque.

La quinzième planche représente le grand balcon développé du château de Commercy, suivant le plan; avec panneaux, pilastres & arrieres-panneaux. Il est placé au pavillon-Royal en face du château, & occupe tout le devant d'un grand sallon d'eau.

La planche annonce suffisamment l'effet de la composition. Quant au détail, il ne peut être circonstancié afin d'éviter les redites; cependant, je peux assurer que cette pièce a été faite avec toutes les précautions possibles, & qu'elle peut entrer dans le nombre de celles qui sont considérées comme des ouvrages de goût & de propreté.

Seizième planche. Pour l'utilité de ceux qui souhaiteroient trouver quelque dessins de balcons, j'en ai ajouté à ceux déjà exécutés, comme seroit celui du haut de cette planche; il est accompagné de pilastres, & orné assez richement pour être simplifié.

Suite des balcons du château de Commercy.

Le second est exécuté aux appartemens du Roy à Commercy. Son remplissage fait d'panneaux & pilastres tout à la fois; cette richesse peut de même être simplifiée. Le chiffre de Stanislas garnit le milieu.

Le troisième est semblable à l'un de ceux du second étage de l'Hôtel-de-Ville de Nancy.

La quatrième gravure représentée dans la même planche, est un morceau de la rampe de l'hôtel de M. Héré premier architecte du Roy, laquelle est exécutée dans un des pavillons du bout de la Carrière.

La dixseptième planche représente une des grilles opposée à la Primatiale, à la chapelle du Cardinal de Lorraine.

La pareille est posée vis-à-vis à la chapelle du Grand-Doyens. Cet ouvrage est exécuté avec beaucoup de précautions. La gravure n'annonce par ce qu'il est, on ne peut juger de la forme qu'en gros. Le détail est travaillé avec tout le goût possible des ouvrages en fer.

La dixhuitième planche représente deux couronnemens de grillage d'Eglise. Ces pièces de fantaisie pourroient être exécutées avec succès; les compositions en seroit agréable, les ayant dessinées en grand avant de les faire graver. J'ai toujours pris le parti de rendre, autant bien qu'il m'a été possible, les dessins comme les exécutions. Cette précaution fait mieux juger des formes, qui la plupart du tems changent lorsqu'il faut mettre le petit en grand.

La dixneuvième planche contient le dessin de deux autres couronnemens dont les parties pourroient se détacher, afin de former une composition suivie; l'effet alors seroit d'un détail moins circonstancié, & l'exécution plus possible. Le tout annonce un dessins utile aux jeunes élève de l'Art, & ces sortes d'ouvrages peuvent se placer en beaucoup d'endroits.

La vingtième planche représente deux autres couronnemens qui sont aussi d'idée, & peuvent être exécutés comme les précédens avec succès. Celui du bas seroit d'un bon effet; il peut servir à former des élèves.

La vingt-unième planche contient les dessins de milieux de petits balcons posés à la maison de l'Auteur. Leur exécution est recherchée dans le détail du travail. Ils sont dessinés sur une échelle différente, comme il sera expliqué à la dernière planche de ce recueil, attendu que les ouvrages avant dits, sont sur l'échelle ordinaire du pied pour pouce.

La vingt-deuxième planche représente le milieu d'un autre balcon dont le dessin est en grand, il est de même exécuté avec toute la propreté possible, & peut servir aux jeunes-gens de l'Art, tant pour apprendre à former les contours que les ornemens de détail. Les parties en sont variées des deux côtés, on peut aussi les simplifier & les symmétriser.

La vingt-troisième planche, qui est le dessin d'une serrure gothique, est renvoyée à la fin des planches de ce recueil.

La vingt-quatrième planche contient le dessin de six beaux bras de lanterne, ou d'enseigne pendante. Ils peuvent être mis en usage à la porte d'entrée d'un château, d'un jardin, &c. ou peuvent servir de bras d'enseigne à des négocians, ou à d'autres particuliers.

D

Le premier de ces bras est aux armes de France.
Le second à celles de Monseigneur le Dauphin.
Le troisième aux armes de Lorraine.

Les trois autres peuvent servir aux différents usages avant dits. On pourra même tirer partie du tout pour en composer d'autres objets, parceque les contours & les ornements en sont variés agréablement, de même que les gravures.

Vingt-cinq & vingt-sixième planche. Les gravures de ces planches sont composées d'un grand pilastre & d'un couronnement d'idée. Ce pilastre est asez singulier, de même que son couronnement, & l'exécution en seroit très-jolie en grand. Mais l'objet principal de l'Auteur est de fournir des idées aux jeunes-gens qui veulent apprendre le dessin, soit rapport aux contours, aux ornements & aux fleurs dont il est décoré : la gravure ont été faite par le P. Engramel, Augustin.

Vingt-sept & vingt-huitième planche. La première représente un grand rinceau, & pourra servir à apprendre le dessin, & à donner la liberté & la légèreté à la main.

La seconde contient les gravures des trois autres petits balcons qui sont proposés, savoir ; les deux premiers au premier étage sur le retour de la maison de l'Auteur, & le troisième est proposé au second étage de la même face.

Le premier de ces balcons est de six pieds de longueur, sur quinze pouces de hauteur ; & le second, qui est au deuxième étage, a trois pieds six pouces de longueur, sur dix-huit pouces de hauteur : la composition, les ornements & les contours en sont agréables.

L'Art de la Serrurerie, comme on le voit dans le détail de ces grands ouvrages, renferme bien des connoissances. Le talent de faire des serrures est un objet de travail tout différent, & renferme plusieurs parties très-considérables ; comme d'en connoître l'industrie, le secret, les beautés, la sûreté & la fidélité. On commence néanmoins dans cet Art pour apprendre à faire des serrures, & il faut un tems considérable pour s'y perfectionner.

La serrure gothique qui est gravée à la vingt-troisième planche de ce recueil, pourroit suffire pour n'en pas faire d'autre détail. Ces sortes de serrures sont admirables & de toute beautés. On les donne ordinairement pour expérience ou chef-d'œuvre ; elles se nomment des Serrures à la moderne, quoique très-anciennes, car il y a plus de quatre cents ans qu'on en faisoit ; & celles que l'on fait aujourd'hui sont toutes différentes pour le goût : l'on en fait même pour des portes dont les pilastres ne sont pas si ornés, mais les anneaux de clefs sont beaucoup plus riches, & tiennent seuls

autant de tems à faire que le reste de la serrure. Ces frises d'anneaux sont ornées de chapiteaux, de pilastres, de vases, de pyramides, & de quantité d'autres objets, tous différents les uns des autres, & sont percés à jour. Ces sortes de serrures ne se posent ordinairement qu'en dehors, tant aux coffres qu'aux portes, & ne sont qu'une demi-tour de clef, n'étant garnies que de pertuis & de dents de rateaux, depuis neuf pertuis jusqu'à treize dents de rateaux, & vont quelquefois jusqu'à dix-neuf pertuis & vingt-trois dents de rateaux. Ces sortes de garnitures sont en l'air, & ne sont soutenues que sur un pied, ce qui empêche de faire le tour de la clef. Les serrures des clefs ne sont ordinairement que des serrures rondes ; elles sont ou simples, ou doubles, ou triples, & ne sont forées que de la hauteur du palastre. Une des parties qui en est asez singulière à ces sortes de serrures c'est le secret du cache-entrée pour y mettre la clef. Ce cache-entrée est admirable ; mais il est à la volonté de celui qui sait le chef-d'œuvre. Il faut qu'il soit le seul qui le sache ; & il ne doit pas être connu aux Maîtres qui reçoivent le chef-d'œuvre. Voyez le secret de la planche vingt-trois, je ne puis le dire puisqu'il m'appartient : en un mot, c'est le secret qui rend ces sortes de serrures très-sûres, & qui les met à l'abri de toute surprise, n'étant pas possible d'en ouvrir sans en connoître le secret, & sans la véritable clef. Mais les serrures du premier ordre de ce genre, ne peuvent guère se faire en moins de deux années de travail.

Nous avons encore dans l'Art de la Serrurerie, d'autres espèces de serrure que l'on donne pour expérience & chef-d'œuvre, & alternativement de celles avant dites : ces sortes de serrures se nomment à pêne-dormans, & on les met en usage tant pour les portes que pour les coffres-forts. Ces dernières ont également leur métier. En 1627 M. Mathurin Jousse, Maître Serrurier à la Flèche, fit imprimer un traité sur l'art de faire des serrures, & sur d'autres objets très-intéressants, concernant l'Art de la Serrurerie. Selon cet Auteur, les serrures à pêne-dormans, que l'on donne aussi pour chef-d'œuvre, sont composées depuis une pêne jusqu'à sept séparées, & depuis une pêne en bord jusqu'à douze pênes de fermeture séparée, & se posent toutes en dedans, tant pour les portes que pour les coffres-forts.

Ces sortes de serrures sont admirables, d'un génie supérieur, & d'une patience infinie ; & pour les plus fortes, il ne faut pas moins de tems pour les faire, que pour les serrures gothiques avant dites.

Comme mon projet n'a pas été de m'étendre sur le talent de faire des serrures, je n'en dirai pas davantage sur cette partie, parcequ'il faudroit un volume entier pour développer l'étendue des rares secrets qu'il renferme.

Je ne parlerai point d'une infinité d'autres objets
qui concernent l'Art de la Serrurerie, comme de
faire des Cuirasses de pied-en-cap, des Chemises
émaillées, & toute sorte d'instrumens de Guerre,
dont le détail seroit infini, &c.

Je me contenterai de dire que cet Art est reconnu
comme un des premiers, tant par son antiquité, sa
nécessité, que par les rares inventions qu'il a produit
& qu'il produit journellement, sur-tout par les noble
émulations des habiles Artistes de France, qui
l'ont porté à un degré si éminent, qu'il ne laisse
rien à desirer. Je les invite à perséverer pour le
bien & la gloire de la Patrie.

APPROBATION DU CENSEUR ROYAL.

J'Ai lû par ordre de Monseigneur le Vice-Chancelier,
un Manuscrit ayant pour titre : Recueil de Gravures de tous les Ouvrages en fer qui se trouvent
sur la Place-Royale de Nancy, & dans toutes les
Maisons Royales que S. M. le Roi de Pologne a
fait bâtir , précédé d'un Préliminaire Apologétique sur l'antiquité de la Forge, avec une explication de chaque Planche, &c. Loin d'y rien trouver
qui puisse en empêcher l'impression, je le crois utile pour
l'avancement de l'Art que l'Auteur professe, & dont il
donne des modèles, où l'on trouve autant de génie que
de goût. A Nancy, octobre 1767. SOLIGNAC.

PRIVILÉGE DU ROI.

LOUIS, par la grace de Dieu, Roi de
France & de Navarre, à nos amés &
féaux Conseillers, les Gens tenant nos
Cours de Parlement, Maîtres des Re-
quêtes Ordinaires de notre Hôtel ,
Grand Conseil, Prévôt de Paris, Baillifs, Séné-
chaux, leurs Lieutenans Civils & autres nos Ju-
sticiers qu'il appartiendra , SALUT. Notre amé
J. LAMOUR, Serrurier de Nancy, Nous a fait
exposer qu'il souhaiteroit faire graver & donner
au Public un Recueil de Gravures de tous les
Ouvrages en fer qui se trouvent sur la Place
Royale de Nancy, & dans toutes les Maisons
Royales que SA M. le Roi de Pologne a fait
bâtir, précédé d'un Préliminaire Apologétique sur
l'antiquité de la Forge, avec une explication de
chaque Planche, & un discours sur l'Art de la
Serrurerie, s'il Nous plaisoit lui accorder nos
Lettres de Privilège pour ce nécessaires. A CES
CAUSES, voulant favorablement traiter l'Exposant, Nous lui avons permis, & permettons par
ces Présentes, de faire imprimer & graver les
Ouvrages ci-dessus énoncés, en telle forme &
autant de fois que bon lui semblera, & de les
débiter ou faire débiter par tout notre Royaume,
pendant le tems de six années consécutives, à
compter du jour de la date des Présentes. Faisons

défenses à tous Imprimeurs, Libraires, Dessinateurs,
Graveurs, Imprimeurs en taille-douce & autres personnes, de quelque qualité & condition qu'elles soient,
d'imprimer, graver ou faire graver, débiter ou faire
débiter lesdits Ouvrages, d'en introduire dans le Royaume d'impression & de gravure étrangère, ni d'en faire
aucuns extraits , sous quelque prétexte que ce puisse être ,
sans la permission expresse & par écrit dudit Exposant,
ou de ceux qui auront droit de lui ; à peine de confis-
cation des Exemplaires contrefaits , tant les Dessins ,
Planches & Estampes , que des ustensiles qui auroit
servi à la contrefaçon, que Nous entendons être saisis,
en quelques lieux qu'ils soient, de trois mille livres d'a-
mende contre chacun des Contrevenans, dont un tiers
à Nous, un tiers à l'Hôtel-Dieu de Paris, & l'autre
tiers audit Exposant, ou à celui qui aura doit de lui ,
& de tous dépens, dommages & interêts : A la charge que ces Présentes seront enregîtrées tout au
long sur le régître de la Communauté des Imprimeurs & Libraires de Paris, dans trois mois de
la date d'icelles ; que l'impression & la gravure
desdits Ouvrages seront faites dans notre Royaume & non ailleurs ; qu'avant de les mettre en
vente, le Manuscrit & les Dessins ou Estampes
qui auront servi à l'impression & gravure desdits
Ouvrages, seront remis, dans le même état où
l'Aprobation y aura été donnée, ès mains de notre
très-cher & féal Chevalier, Chancelier de France,
le Sieur de Lamoignon ; & qu'il en sera ensuite
remis deux Exemplaires dans notre Bibliothèque
Publique, un dans celle de notre Château du Lou-
vre, un dans celle de notred. S.r de Lamoignon,
& un dans celle de notre très-cher & féal Chevalier, Vice-Chancelier & Garde des Sceaux de
France, le Sieur de Maupeou ; le tout à peine de
nullité des Présentes. Du contenu desquelles vous
mandons & enjoignons de faire jouïr ledit Exposant & ses Ayans-causes, pleinement & paisible-
ment. Voulons que la copie des Présentes, qui
sera imprimée tout au long au commencement ou
à la fin desdits Ouvrages, soit tenuë pour dûe-
ment signifiée ; & qu'aux copies collationnées par
l'un de nos amés & féaux Conseillers-Secrétaires,
foi soit ajoutée comme à l'Original. Commandons
au premier notre Huissier ou Sergent sur ce requis,
de faire, pour l'exécution d'icelles, tous actes
requis & nécessaires, sans demander autre permission, & nonobstant clameur de haro, charte
Normande, & Lettres à ce contraires : Car tel
est notre plaisir. Donné à Paris le 16.e jour du mois
de décemb. l'an de grace 1767, & de notre règne
le 53.e   Par le Roi en son Conseil, LE BEGUE.

Regîtré sur le régître XVII de la Chambre-Royale & Syndicale des Libraires & Imprimeurs de Paris, N.° 1664, Fol. 343, conformément au Réglé-
ment de 1723, qui fait défenses, art. 41, à toutes personnes de quelque qualité & condition qu'elles soient, autres que les Libraires & Imprimeurs, de
vendre, débiter, faire afficher aucuns Livres, pour les vendre en leurs noms ,
soit qu'ils s'en disent les Auteurs ou autrement, & à la charge de fournir à la
susdite Chambre neuf Exemplaires prescrits par l'art. 108 du même Réglement.
A Paris ce 11 janvier 1768. GANEAU, Syndic.

A NANCY, Chez THOMAS père & fils, imprimeurs de l'Hôtel-de-Ville.

www.ingramcontent.com/pod-product-compliance
Lightning Source LLC
LaVergne TN
LVHW051515090426
835512LV00010B/2544